LOUCA, EU?

Editora Appris Ltda.
1.ª Edição - Copyright© 2025 dos autores
Direitos de Edição Reservados à Editora Appris Ltda.

Nenhuma parte desta obra poderá ser utilizada indevidamente, sem estar de acordo com a Lei nº
9.610/98. Se incorreções forem encontradas, serão de exclusiva responsabilidade de seus organizadores. Foi realizado o Depósito Legal na Fundação Biblioteca Nacional, de acordo com as Leis nᵒˢ
10.994, de 14/12/2004, e 12.192, de 14/01/2010.

Catalogação na Fonte
Elaborado por: Josefina A. S. Guedes
Bibliotecária CRB 9/870

	Mosseri, Vanessa
M913l	Louca, eu? / Vanessa Mosseri. – 1. ed. – Curitiba: Appris, 2025.
2025	89 p. ; 21 cm.
	ISBN 978-65-250-7778-9
	1. Empoderamento feminino. 2. Superação. 3. Psicologia. 4. Psicanálise. 5. Gaslight. 6. Feminismo. I. Título.
	CDD – 158.1

Appris *editorial*

Editora e Livraria Appris Ltda.
Av. Manoel Ribas, 2265 – Mercês
Curitiba/PR – CEP: 80810-002
Tel. (41) 3156 - 4731
www.editoraappris.com.br

Printed in Brazil
Impresso no Brasil

VANESSA MOSSERI

LOUCA, EU?

Curitiba, PR
2025

FICHA TÉCNICA

EDITORIAL	Augusto V. de A. Coelho
	Sara C. de Andrade Coelho
COMITÊ EDITORIAL	Ana El Achkar (Universo/RJ)
	Andréa Barbosa Gouveia (UFPR)
	Jacques de Lima Ferreira (UNOESC)
	Marília Andrade Torales Campos (UFPR)
	Patrícia L. Torres (PUCPR)
	Roberta Ecleide Kelly (NEPE)
	Toni Reis (UP)
CONSULTORES	Luiz Carlos Oliveira
	Maria Tereza R. Pahl
	Marli C. de Andrade
SUPERVISORA EDITORIAL	Renata C. Lopes
PRODUÇÃO EDITORIAL	Sabrina Costa
REVISÃO	Sandra Rodrigues
	Andrea Bassoto Gatto
DIAGRAMAÇÃO	Amélia Lopes
CAPA	Vanessa Mosseri
FOTOGRAFIA DA CAPA	Tatiana Inoue Sarti @ori.fotografia
REVISÃO DE PROVA	Ana Castro

Todo mundo tem uma história
e toda história é digna de ser contada.
Esta é a minha.

Agradecimentos

A mim e à possibilidade de viver para poder lutar por novos lugares e mudar a minha narrativa.

Às pessoas que estão ao meu lado nesta vida (vocês sabem quem são).

Aos psicoterapeutas e psicanalistas que não desistiram.

Às duas novas e doces vidas que chegam agora e trazem a renovação.

Aos Olhos Profundos e à minha doce filha. Nosso dia a dia vale ouro.

Aos meus pais, por terem me dado a vida.

E a todos que não estão, por razões óbvias.

Todos os caminhos me trouxeram até aqui.

Prefácio 1

Romântico

Quando conheci a Vanessa me chamou atenção uma tatuagem. Uma pequena flor de lótus tatuada em sua nuca.

Quando a questionei sobre essa tatuagem, ela me explicou que a flor de lótus a representava, pois é uma flor linda que nasce e cresce no meio do lodo. Não entendi.

Posteriormente pesquisei sobre a tal flor, da qual sempre ouvi falar, mas nunca me havia chamado a atenção.

Descobri que na literatura asiática essa flor significa pureza e elegância, sendo associada à beleza feminina.

Na ioga, a posição de lótus é a postura tradicional da meditação.

Para a ciência é um grande mistério pelo fato de ainda ser inexplicável a incrível capacidade de repelir micro-organismos e partículas de pó.

É considerada uma flor sagrada para o Oriente, simbolizando a pureza espiritual, muito associada à imagem de Buda e seus ensinamentos.

Existe até uma lenda dizendo que desabrocharam flores de lótus em todos os lugares onde Buda pisou quando deu seus primeiros passos.

Mais incrível ainda foi saber que para o budismo, pelo fato de ela nascer e ficar envolta em águas lodosas, associadas ao apego e a desejos carnais, a bela flor, que nesse meio desabrocha em busca de luz, simboliza conquista de pureza e elevação espiritual.

Convivendo com a Vanessa ao longo de anos e conhecendo um pouco mais sobre a história de vida dela, muito bem contada neste livro com uma incrível leveza e ironia cativante, entendi melhor a semelhança das duas flores.

Impossível não se apaixonar por tanta profundidade, tanto no simbolismo da flor de lótus como nessa mulher de tamanha pureza e elevação espiritual.

Tenho certeza de que esta história elevará a espiritualidade de muita gente, assim como faz comigo. E sou eternamente grato por isso.

Flávio Iannuzzi

À minha amada esposa!

Prefácio 2

E lá se vão mais de duas décadas desde que nos conhecemos. Estudamos juntas, e conhecer a Vanessa – aliás, até hoje ainda a estou conhecendo –, foi um bálsamo!

A primeira noção de como nossas ideias se assemelhavam veio quando eu (que jamais me permitia sair de uma aula antes do fim), vi-me saindo mais cedo porque aquele palestrante, muito culto, era também muito chato. E quem eu encontro do lado de fora, com a mesma justificativa? Vanessa!

As diferenças de trajetória e as físicas se apresentam primeiro ao mundo, mas as linhas de pensamento são parecidas a ponto de, um dia, ela ter me indicado um paciente que não poderia atender e, mediante a resistência dele, cravar: "Vai lá. Ela sou eu". Bem, ele veio, fez um percurso lindo, contou-me isso e concluiu que ela tinha razão.

Temos tantas passagens juntas que dariam um livro – *Minha vida com Vanessa* –, que teria passagens impagáveis. Tínhamos uma supervisora muito "chique distante" (definição da própria Vanessa). Sabe o tipo? Um dia, atriz que é, Vanessa imitou os trejeitos da mestra de tal maneira que nos vimos obrigadas a assistir às aulas todo um semestre sentadas de costas uma para a outra para evitar crises de riso.

Em todos esses anos construímos uma relação única, tão sincera, tanto pessoal como profissionalmente, que acreditei quando ela me chamou de irmã pela primeira vez.

Nós nos divertimos muito, mas nada disso tem tanto valor quanto o carinho e o amor que ela derrama em mim e na minha família. Pensar na Vanessa é lembrar que ela é divertidíssima, porém fizemos uma para a outra uma rede de apoio nos momentos difíceis.

Sempre brinco com quem me pergunta se está louco, que a maluca é sempre a psicanalista. Se ela pergunta se é louca, somos todas – "De perto ninguém é normal", já disse Caetano Veloso. Ainda bem!

Sinto e desejo que continuaremos nossos percursos na vida e na psicanálise por muitos anos, sempre com muito humor, carinho e escuta.

Sandra Rodrigues

Psicóloga, psicanalista, fã de livros e filmes, especialmente daqueles que falam do Eu humano e suas histórias. Acima de tudo, fã da amada amiga/irmã Vanessa Mosseri.

Sumário

PARTE UM
O QUE FIZERAM DE MIM
QUANDO 1% É TUDO QUE SE TEM 15

1. Quem sou? De onde vim? E pra onde vou? Se é que vou 16
2. Fragmentos de uma infância bem fragmentada 17
3. Pavão misterioso 23
4. De volta ao não lar 25
5. E agora vai, Brasil? 28
6. Quem vai me salvar? 31
7. Troco duas filhas por um camelo 36
8. A Namo Linda, a chave e o pescoço 37
9. Respiros parte 1: mulher de fases 39
10. Respiros parte 2: "Olha a lua mansa, me leva amor..." 40
11. A queda do rei do império imperial 42
12. A louca enlouqueceu 44
13. Dona Girassol 46

PARTE DOIS
O QUE FIZ COM O QUE FIZERAM DE MIM
QUANDO 1% É TUDO QUE SE TEM 49

14. Fuga desenfreada e romântica 50
15. Uma profissão e tanto 52
16. Espelho, espelho meu: socorro 54
17. O retorno daqueles que nunca foram 56
18. Madame Sarita 59
19. Quem cuida de quem? 61
20. "Ô abre alas que eu quero (e posso) passar" 64
21. Olhos Profundos vem aí, gente! 66
22. Entre cantorias e semitons 70
23. As árvores somos nozes 72

24. Mamis *forever* 74

25. Fui 75

26. Formulações internas e conselhos desnecessários. Use se quiser 77

27. Ai, como ela é poética, ela 79

28. Frases que ouvi 80

29. "Mamãe, eu quero mamar" 81

30. 0% 83

31. "Pra que tudo isso?!" 85

PARTE UM

O QUE FIZERAM DE MIM QUANDO 1% É TUDO QUE SE TEM

Um

Quem sou? De onde vim?
E pra onde vou? Se é que vou

"Béééé...". Um som, apenas um som. Chamam isso de grito. E esse é o primeiro de muitos.

Em fevereiro de 1978 nasce a tal menina borboleta, com uma certidão de nascimento sem horário. E isso não é uma metáfora.

Assim, dando-se o prenúncio da primeira parte dos acontecimentos que virão a posteriori.

Uma menina, filha de árabes confusos e um tanto malucos, que para completar o início da tragédia, chora apenas por um olho, pois o canal lacrimal já veio entupido.

Quem sabe para ajudar na subida da montanha, não é mesmo?

Bom, vamos embora que tem história.

Coragem menina, você vai precisar.

Ah! Só uma pergunta: vocês estão prontos?

Se podem desistir? Claro que sim! Mas eu não o faria.

Já que esta não é uma história sobre choros.

Dois

Fragmentos de uma infância
bem fragmentada

Fragmento 1: apresentação bem incompleta.

Uma mãe avoada, perdida e comandada por um grande homem. Ou por um homem "grande"?

Hum... Dúvidas frequentes me abalam.

Ele, um homem que jogava, não estava, não ligava, mas se dizia de família, do lar e do amor.

Ela, uma mulher bonita, quieta, tímida e com a história pregressa de que aos 15 anos segurou seu pai em seu colo enquanto ele morria.

Uma mulher já meio "traumatizadinha", diziam as más línguas.

Ah! Vale contar que o casal se forma, pois os dois frequentavam um clube, lá pelos lados da zona sul, e o menino, muito forte e seguro, faz uma aposta com amigos de que ele conseguiria beijar a tal moça tímida.

Antes não tivesse conseguido, pois além de beijar, na tal balada da época, namorou, casou-se, fez filhos e tragédias.

Por quê?

Será isso um acaso? Ou a premonição do oráculo?

Fragmento 2: castigos coerentes

Medo de um pai que gritava muito e que, ao chegar em casa cansado do trabalho, não tinha paciência.

Um pai que decidia dar broncas e castigos aos filhos, além dos tabefes, ignorando-os.

"Já que você não fez o que pedi, da maneira exata que pedi, então agora vou fingir que você não existe por três dias."

Ele decidia a quantidade de dias naquele momento, de acordo com a própria cabeça.

E assim era feito. Nem que eu chorasse e esperneasse, ele voltava atrás em sua decisão.

Em sua grande, sábia e acertada decisão.

"Um grande homem não muda de ideia, não volta atrás. Um grande homem tem uma palavra só", dizia ele.

Fragmento 3: ela dança no óleo

Até os 4 anos morávamos em um apartamento chique, bem decorado, num bairro legal e com padaria muito boa, que tinha um folhado de queijo branco inesquecível.

Eu já sentia um certo estranhamento de que algo estranho era estranho mesmo.

Pensem comigo: um apartamento chique, em um bairro chique, com objetos de decoração chiques e provavelmente bem caros, como de costume.

Um objeto, que assim como as lágrimas entupidas, revelava o prenúncio da tragédia.

Uma estatueta de bronze em formato de uma mulher seminua, com um de seus braços levantados, como quem dança, que ao ligar na tomada soltava um certo óleo. Esse óleo descia pelo seu corpo acompanhado de uma luz de cabaré.

Preciso dizer mais alguma coisa? Seguimos, então...

Fragmento 4: corra

Ela cozinha, arruma, cuida das crianças, veste-se bonita e fica calada, fazendo o favor.

Ele trabalha, ganha dinheiro, mostra que tem um "pintão grandão."

Aos finais de semana eles saem, com amigos e familiares, indo em restaurantes bacanas, com um fusca bacana, dando risadas bacanas e fumando cigarros bacanas, mostrando, assim, que venceram na vida.

Temos também as férias em praias que nossos grupos bacanas frequentavam. E lá nos juntávamos, dias e noites. Falávamos das nossas vidas, cada qual se metendo na vida de cada qual. E das vidas dos outros, criticando e delirando mais um pouco, como se fôssemos grandes exemplos a serem seguidos.

Mas, afinal, tudo corre bem. Não é mesmo?

Ou tudo corre, meu bem?

Fragmento 5: quando a luz se apaga e não tem cabaré à noite

Eis que do nada, já não vejo móveis bonitos, nem o tal apartamento arrumado, nem a tal moça seminua no óleo.

A luz do cabaré se apagou.

Sem compreender os fatos, há uma grande briga, grandes caixas e uma primeira grande ruptura.

Aquele apartamento lindo e bem arrumado está em frangalhos, destruído, encaixotado, e eu sou exonerada do cargo vigente.

Sou levada a uma espécie de internato, aos 4 ou 5 anos de idade.

Um internato que, pelo que me contaram depois, era chique.

Rindo por dentro aqui ao escrever essa frase.

Como assim chique, meu amor?

Uma criança é ejetada de seu lar, mas sendo o internato chique, então temos um grande sucesso?

Pronto, agora entendi o chique. Opa, agora entendi o choque.

Era uma letra, apenas uma letrinha que separava o significado dos dizeres.

Como sou tola, limitada e talvez um pouco louca, não?

No internato há pavão, uma escolinha e quartos separados por idade. Então eu ficava sozinha com crianças que nunca tinha visto e chorava todas as noites desesperadamente. Um café da manhã com chá mate, que não posso sentir o cheiro até os dias de hoje, e... bolo de chocolate!

Fragmento 6: comi rápido demais

O tal bolo de chocolate foi levado pela minha mãe e minha avó, mãe de minha mãe, em um dia qualquer.

Do nada fui chamada no internato e lá estavam elas! Eu comi, comi, comi, comi tanto aquele bolo.

E pensei que depois eu iria para casa, claro, óbvio, certeza.

No caso, não foi isso que aconteceu. Eu lá fiquei com aquele povo de que não me lembro de um só rosto, de uma só história, de um só abraço.

O bolo se foi porque comi rápido demais, e continuei só.

Minha mãe desapareceu mais uma vez.

Mais uma vez eu nada entendi.

De vez em quando eu encontrava a minha irmã (de 8 anos), que passava aqui e ali, tristonha e desajeitada.

O meu irmão (com 12 anos) eu só via de longe, pois ele estava sempre jogando futebol na quadra lá embaixo, achando tudo divertido, sem demonstrar qualquer nota de sentimento.

Qualquer nota de sentimento, nenhuma nota de sentimento.

Assustador, não é mesmo?

Anos depois fui saber que meu pai nos deixou lá e não contou para minha mãe onde estávamos. Ela passou meses nos procurando.

Talvez por isso o bolo estivesse tão gostoso.

"Tirem-me daqui! Alguém me salve! O que fiz de errado para ficar aqui sem meu bolo de chocolate, sem meu quarto, sem a moça pelada na sala de estar com óleo descendo sensualmente pelo seu corpo bonito e magro?

"Alguém? Alguém? Alô? Hei? Alô? Eu ainda estou aqui..."

Apenas um eco e um grande vazio.

Fragmento 7: lavando a roupa suja

A gangorra divertida do parquinho fazia com que eu me esquecesse dos detalhes e vivesse o presente.

Eu brincava com alguém que não sei quem era, mas que em algum momento puxou tão forte para cima a gangorra que me fez bater fortemente a vagina, que sangrou.

Eu fingi que nada havia acontecido, apesar da imensa dor e do desconforto, e de sentir vergonha por estar sangrando.

Constrangedor é não ter um adulto sendo adulto numa hora dessas.

Eu escondi a calcinha, mas uma hora tive que a deixar na lavanderia.

Ali revelou-se o acontecido, já que a moça não fez questão de esconder e gritou bem alto ao me devolver a roupa limpa.

Além do chá mate fedido e da gangorra que machuca, todas as manhãs as crianças caminhavam juntas, com suas pastas e escovas de dentes, e enfileiradas escovavam os dentes em quatro ou cinco pias.

Gostaria apenas que imaginassem essa cena e como ficava a pia e a limpeza do banheiro.

Algo quase que incontável.

Mas esta não é a história de uma criança abandonada.

Três

Pavão misterioso

Colégio interno num dia de festa. Não sei qual, nem por qual motivo, mas era festa com pessoas e barulhos e comida e... meu pai.

Lembro do pavão lindo abrindo as asas, algo extraordinário mesmo. E lembro do meu pai, que chegou dizendo:

"Eu vim salvar vocês. Vamos, arrumem suas coisas. Vamos voltar para casa."

Respondi:
"Que casa, papai? O apartamento destruído? Mamãe onde está? Isso foi um castigo? Tem algo que possa me dizer que faria algum sentido agora? O óleo ainda desce pelo corpo sensual daquela moça de bronze?"

Ah, se eu tivesse dito tudo isso...
Só fui pegar meus trapos e aproveitei a carona. Não sabia se aconteceria de novo, então fui quieta e sem questionar. Melhor assim.

"Mulheres, calem-se. Vocês não existem", dizia papai.

Talvez aqui tenha começado o meu grande silêncio, a minha falta de perguntas e respostas.

O meu medo instalado de ter e não ter, de não saber se no dia seguinte o mundo acabaria e eu perderia todas as minhas referências novamente.

Ainda bem que comi rápido o bolo. Acho que fui esperta sem saber.

E você, caro leitor?

Ainda vai ficar por aí?

Está querendo desistir?

Você pode, caso queira.

Eu vou compreender.

Anos depois soube que fomos visitar antes o tal internato, e nesse dia meu pai tentou explicar que ficaríamos lá.

Eu realmente não lembro disso.

O tempo real que ficamos foram três meses mais ou menos. Só que para uma criança, ou para a minha criança, esse tempo foi um abismo eterno de não significados que apenas desencaixavam dentro de mim pedaços fundamentais para um crescimento mais saudável.

Mas esta não é uma história de pavões.

Quatro

De volta ao não lar

Oba! Estou salva, salva. Agora não tem mais internato, volto para os braços da minha família linda, fofa, organizada. A tal família bacana dos amigos bacanas. Tudo bacana.

Tudo sacana, quero dizer, porque não havia mais nada. E eu fui morar com a mãe de minha mãe. Acho até que ela estava tentando ser bacana, mas não suportava nossa presença.

Afinal, a filha fez três filhos e voltou para casa com seus insucessos.

As brigas aumentavam progressivamente e logo nos mudamos para outro apartamento, minúsculo.

Antes, na presença da avó, que não nos queria muito, tínhamos a organização da casa dela com comida, limpeza, lençol limpo e de vez em quando um bolo de chocolate.

Mas não aquele bolo que me levaram no internato. Aquele bolo nunca mais comi. Por que será?

O novo lar, que minha mãe nos levava agora, sem a avó, era bem popular mesmo. Pequeno, absolutamente desorganizado, sujo e com baratas voadoras. Muitas delas.

Uma passagem relevante foi meu gato preto. Eu ganhei um gato preto, lindo, e me apaixonei. Ele me tirou do caos com sua alma boa. E isso me trazia esperanças.

Fui para a escola, voltei. O gato sumiu.

Nessa época, eu sentia que meus irmãos me odiavam. E sem identificar quem e quando, trarei algumas passagens de forma resumida.

Prenderam o meu dedo na porta, riam de minhas brincadeiras infantis, faziam chantagem, diziam que eu era adotada, mandaram cortar o meu cabelo curto (curtíssimo), sendo que eu o amava por ser longo e loiro. E para finalizar "alegremente", em uma tarde de sábado e de sol, atiraram sem querer um Nunchaku (bastão que Van Damme e Bruce Lee usam em seus filmes) no meu olho, que ficou tremendo por quase um ano.

Fui para uma nova escola. Foi um favor da comunidade. Colocaram-nos lá com os ricos e nos disseram muitas e muitas vezes, até decorarmos em nossa mais profunda alma:

"Vocês estão aqui de favor. Façam o favor de se calarem. Tentem passar despercebidos também, pois somos legais, mas não tanto assim."

Óbvio que fiz tudo ao contrário. Eu mais faltava do que ia à escola. Não conseguia aprender uma letra sequer, eu atrapalhava todas as aulas com a minha agitação interna.

E como não havia supervisão alguma em casa e total ausência da minha mãe na escola, eu colecionava lições não feitas, limpezas de dentes não conferidas, banhos não tomados etc., etc., etc. Rumo ao caos.

Eu tinha habilidades sociais e de alguma forma consegui ter amigos. Lembro até hoje deles, inclusive dos nomes.

Uma vez quase morri com uma bala soft. Foi muito trágico. Colocaram-me de cabeça para baixo e me sacudiram, porque nada fazia aquela bala sair. Eu fui ficando molinha, o banheiro estava lotado de criança. Todos assustados e com razão.

As professoras tão mal preparadas não sabiam lidar comigo, me odiavam, obviamente, e demonstravam isso quando riam de mim dentro da sala de aula, ajudando os alunos a, já tão cedo, construírem personalidades perversas.

Que triste, porque ali poderia haver uma chance.

Mas não foi ali que minha chance aconteceu.

Resultado brilhante alcançado com sucesso e maestria: aos 9 anos fui expulsa da escola chique, de amigos chiques, de uma comunidade "chiquetérrima".

A menina das lágrimas entupidas sujava o nome da família perfeita.

Mas esta não é uma história de meninas rebeldes.

Cinco

E agora vai, Brasil?

Novo emprego de mamãe. Ela se organizaria melhor? Quem sabe? Um novo apartamento, melhor e maior, perto da padaria com o tal folhado de queijo branco inesquecível.

Lá eu tinha um quarto mais arrumado, armário, gavetas no banheiro, uma moça para nos ajudar na limpeza, cortinas bonitas, uma mesa grande na sala.

Agora vai, Brasil...

A escola nova, já que fui expulsa da anterior, era das mais religiosas das religiosas da comunidade.

Lá eu teria que andar nas rédeas, diziam eles.

E lá eu me senti mais amada, não sei o porquê, comecei a gostar de algo. Talvez o almoço que era servido todos os dias, me deixando sem fome.

Ai, que óbvio.

Afinal, tudo corria bem, né? Nova escola, novo apartamento, até um cachorro lindo ganhamos e festa de aniversário com muitos engradados de Fanta Uva.

Eu vivia um sonho. Eu vivia um sonho?

Mamãe, que no dia anterior estava numa fase boa, começou a desmontar o apartamento. Alguns objetos sumiram, outros foram virados do avesso.

O quarto de minha mãe começou a ficar trancado e tudo que fazíamos despertava uma perseguição.

"Vocês estão mancomunando algo! Eu sei. Eu sei o que vocês estão tentando fazer! Estão me perseguindo, né? Estão rindo de mim."

A agressividade dela aumentava a cada dia. Ela não trocava mais olhares conosco e não permanecia na sala. Chegava do trabalho, entrava diretamente no quarto, se trancava e não saía de lá, a não ser para dar gritos assustadores.

Achei a cópia da chave e consegui entrar no seu quarto, descobrindo que tudo estava ao contrário: o lençol do avesso, as roupas no armário, a cortina. E embaixo da cama havia comida em pratinhos, com docinhos cobertos com papel. Fiquei tão assustada que nem comi.

Eu senti medo e descobri que não era um sonho.

Oba! Fomos ejetados mais uma vez de uma casa que se desfez por conta da falta de estrutura de adultos que não eram adultos o suficiente para manter a casa em pé, mesmo que capengamente.

"Oi, pessoal. Oi, família bacana. Onde estarão todos? Poderiam nos ajudar por aqui? Parece que não estamos indo bem. Família? Alguém?"

Apenas barulho de vento.

A minha paixão foi entregue para um amigo do meu pai, que tinha filhos, e eu fiquei sem o meu amado cão.

Por acaso vocês estão se perguntando onde estaria papai?

Oras bolas! "Papis" (papai) estava vivendo sua vida de solteiro, em seu apartamento "mara" (maravilhoso), pouco indo nos ver; e quando ia, levava sua "Namo" (namorada) Linda e a beijava de língua mil vezes, causando um nojo estrondoso em mim.

Resumo: eu com 10 anos, "Mamis" (mamãe) surta e Papis beija.

"Ah, mas você não disse nada?"
"Sim, dessa vez eu falei, eu consegui."
"Pedi para não se beijarem assim, desse jeito.'"

Mas eles não ouviram. E deram risadas sensuais, como se dissessem:

"Que gracinha essa menina...", risos.

Pensando aqui...
Logo em seguida, resolvi andar com vizinhas mais velhas que já beijavam na boca e passavam batom vermelho, empinando a bunda.
Então, claro, lá fui eu tentar algo assim. Até cigarro provei aos 10 ou 11 anos.

Só que esta não é uma história de beijos de língua.

Geis

Quem vai me salvar?

Papis e sua Namo Linda, que nessa época era sua esposa, com filhos pequenos e nascidos em uma casa linda, com piscina, empregados, festas, viagens etc., etc. e tals, vieram nos buscar.

O que nos restou foi morar lá (favor ouvir internamente o acorde magistral desse instante inaugural e absolutamente feliz).

Mamãe surtou, e nossa exoneração, dessa vez, parecia ter sido com mais glamour. Tínhamos até piscina.

Oba! Então agora tudo dará certo!

Com piscina, quais as chances de dar algo errado?

Mas ele é um príncipe? Mas ele não é um sapo?

Seria ele um algoz?

Ele era agressivo. Papis nos culpava quando a empregada não estava feliz, quando a Namo Linda se chateava por estarmos demais no quarto e infinitas outras coisas.

Eu virei uma adolescente retraída e por vezes mentirosa, não tinha organização mental para estudar e mentia assustadoramente.

Ele me deu um bom tabefe e me colocou no meu lugar. Situação resolvida.

"Mas qual seria mesmo o meu lugar, Papis?"

Eu me apaixonava toda semana por um garoto diferente e ficava sonhando e escrevendo na agenda com papéis colados, contando em forma de códigos, tudo que eu sentia, fazia e vivia.

Escrevia poemas sem talento e não percebia o quanto traziam uma dor profunda e a tentativa de uma salvação qualquer.

Eram cinco ou seis empregados, com festas e casa lotada.

Lotada de homens que me olhavam estranhamente. Eu resolvi engordar, achei que estaria mais protegida dessa forma.

E por incrível que pareça funcionou.

Só não funcionou para mim. Sentia-me feia e enorme.

Havia uma campainha atrás da cama de Papis, que ele tocava cada vez que quisesse ser servido.

"Quero água."

"Faz um sanduíche para mim."

"Descasca as mexericas."

"Manga, por favor."

Eu tinha que sair correndo e saía sim, claro. Sou boba de não sair?

Vai que ele me voltava para o internato ou para a casa da vovó.

Se bem que hoje, aqui, pensando, agora mesmo, não seria uma má ideia.

Mamãe sumiu. Surtava em algum canto do mundo, sendo ajudada pela comunidade chique, que antes me dera um grande e generoso espaço na escola.

Às vezes, morava na casa da mãe dela; às vezes, em quartos de pessoas idosas.

Ficamos alguns anos sem nos falar e sem que ela ligasse nos meus aniversários.

A situação me apavorava de tal forma que eu passei a ter pânico e ficava só perseguindo minha irmã por onde quer que ela fosse (eu ainda tinha a sensação de que meus irmãos não gostavam de mim).

Dessa vez, Mamis não apareceu com bolo de chocolate para mim. Fiquei sem bolo e sem a mamãe.

"Alguém poderia ou gostaria? Estou precisando de uma mãe! Aceito qualquer proposta."

Na época não existia aplicativo. Que pena!

Em alguns momentos da adolescência eu entendi que se eu fizesse tudo, absolutamente tudo, que Papis quisesse, teria algum espaço, ou melhor, teria uma boa trégua.

Óbvio que fiz – e com maestria! Ali começava a desenvolver um dos meus talentos preferidos: interpretar papéis.

Eu virei a filha fofa, educada, calada, que pedia pouco, que ajudava, que servia, pouco questionava, que conseguia ter alguns amigos, namoradinhos, umas saídas aqui e ali.

Beirei caminhos que quase deram certo, mas terminei tendo que me posicionar de alguma forma, pois quando a loucura está instaurada, mesmo que você ache que pode controlá-la, saibam: você não pode.

Ele me separava de amigas, dizendo que eu tinha um caso amoroso com elas. Ele encrencava com o fato de eu querer cantar e participar dos festivais da escola, dizendo que mulheres que cantam são putas.

Ele não deixava que eu voltasse no horário que meus amigos voltavam, chegando na festa e saindo antes de o lance todo rolar. Dizia que sabia como os homens eram.

"Que homens, Papis?", perguntava eu.

Ele sempre acharia algo e ponto final.

E mesmo ele dizendo "não", eu insisti e fiz a inscrição para um festival de música que havia no colégio.

Não sei como, mas escrevi uma música adolescente. E, confesso, que consegui uma trégua dessa vez.

Papis se empolgou e fomos todos torcer por mim.

Fiquei em quinto lugar.

A música dizia algo assim:

"Vivendo e aprendendo
A ser sempre melhor
Melhorando as coisas ao nosso redor.

Eu quero lhes dizer
Tudo que aprendi
De como pode ser
Tão linda a vida.

Tudo é lindo
Se soubermos acreditar
Que o amor
Poderá fazer você mudar
O coração."

Uau... Quanta ironia!

Fim da trégua. Olhe para a sua realidade, menina!

Mas esta pode ser, sim, uma história sobre música.

Sete

Troco duas filhas por um camelo

E assim como ditava a cultura e o poder dos homens, certa vez, ele nos ofereceu – essa palavra foi escolhida, pois foi assim que me senti.

Ele juntou alguns amigos na sala, em uma noite durante a semana, e montou o seguinte discurso:

"Já que vocês não são felizes aqui, com tudo que dou para vocês, são mal-agradecidas, vocês podem escolher onde querem morar."

"Assim, quem sabe, serão felizes. Eu dou vocês. Não tem problema. Tudo que me importa é que sejam felizes."

Dúvidas me abalam novamente:

Seria esse o discurso do grande homem? Ou do homem grande?

Eu não conseguia compreender, na época, todas as camadas daquela fala.

Não conseguia compreender como as pessoas se curvavam a essa cena.

Eu era uma criança, mas e todos ali? Já adultos...

Agora sei a razão de ter chamado por eles num capítulo anterior e só ter escutado o barulho do vento.

A única resposta possível para o momento foi um choro compulsivo, que fez com que alguém dissesse: "Chega."

E com muita sorte nos liberaram dessa resposta sem resposta.

Esta é, sim, uma história de perguntas sem respostas.

Oito

A Namo Linda, a chave e o pescoço

Logo que fomos morar na casa com piscina, demoramos muito para desentristecer e sair do quarto escuro no qual nos enfiamos subjetiva e literalmente.

Acho bem compreensível.

Eu dormia quase a tarde toda, comia tudo que eu pudesse e encontrasse.

A dispensa era cheia de delícias que eu nunca tinha tido o prazer de comer.

A Namo Linda ficou assustada com nossa fome. Fome de quem tem fome porque passa fome.

E de forma sorrateira e de quem entende bem de traumas, resolveu trancar a dispensa de comidas, doces e guloseimas.

(favor ouvir a música tema de Cinderela).

Ó, mas onde estaria a chave? Só abrir, não?

Claro que não. As chaves estavam em seu pescoço, penduradas nela mesma, ensimesmadas de tal forma que eu precisaria ser mais sorrateira do que ela para poder comer.

Eu só precisava descobrir quando ela não estaria na cozinha.

Algumas vezes obtive sucesso e algumas errei feio, e ela apareceu do nada. Fingi beber uma água e sai como quem nada fez.

Outra estratégia extraordinária foi quando Papis, exausto de nos ver tristes e atrapalhando muito sua vida, nos deu uma bronca e resolveu nos contar a causa da separação dele e Mamis, dizendo que a doce menina tímida (mamãe) o traira e que, ao descobrir, forçou-a a fazer sexo para que ela soubesse como é que um homem faz.

Mas Papis, o que mesmo um homem faz?

Do que mesmo um homem é capaz?

Isso que você fez tem um nome, né?

Ah, seria o amor que você outrora citou? O amor pela família?

Bingo! Acertei?

Mas esta não é uma história de violência sexual.

Nove

Respiros parte 1: mulher de fases

Elá vamos nós às coisas boas, afinal, nem tudo foi ruim ou só ruim. Reconheço muitos momentos em que meu pai conseguiu demonstrar amor, carinho, afeto e preocupação, me abraçando e tentando construir algo mais interessante. Havia algum tipo de amor ali. Eu sei.

A sua linda esposa, que era linda mesmo, sem ironias e vírgulas, me chamou de filha por muitos anos. E quando estava de boa consigo mesma, me chamava em seu quarto e arrumava meu cabelo, minha sobrancelha, emprestava suas roupas, queria conversar e rir.

Entendi com o sofrimento que as pessoas dão o que têm. Mesmo que seja quase nada.

E eu aceitava sim, eu aceitava, pois esse pouco não era pouco não, me ajudava a acalmar o meu eu confuso, a sentir algum tipo de amor, um amor fugaz, uma certa "maternagem" necessária e tardia, fechando, assim, imaginariamente, algumas feridas.

"Está tudo bem. Eu vou sobreviver", pensava eu.

E esta não é uma história de amor.

Dez

Respiros parte 2:
"Olha a lua mansa, me leva amor..."

Respiro especial para essa família que iluminou a minha vida. Meus tios e seus filhos traziam alegrias, finais de semana deliciosos, brincadeiras incríveis, e a melhor delas era o seu violão.

A gente brincava de cantar, ele inventava músicas.

Eu me sentia amada e levava broncas junto a todos ali, o que era o máximo também.

Isso tudo me salvava de muitas formas.

Ficávamos inventando músicas e no final do dia fazíamos teatros na sala, e eles riam deliciosamente.

A criança sabe quando o adulto ri de verdade.

Eles tinham coragem de me aguentar nas férias e me ajudavam a estudar sem gritar comigo cada vez que eu não entendia algo de matemática.

Só para avisar: até hoje não sei.

Outros respiros que tive foram amigos, muitos amigos, e colegas e turmas alternativas.

Criei a habilidade de me adaptar fácil a lugares diferentes, então virei uma pessoa sociável, mas não pensem que esta história aqui contada foi compartilhada em todo canto.

Eu era sociável e absolutamente reservada.

Provavelmente, muitas pessoas ficarão surpresas ao tomar esta leitura nas mãos.

Respiros saudáveis que tive, tirando o cigarro, que eu achava o máximo, mas não era nada saudável.

Saudável era a minha aula de canto, a bossa nova, momentos no meu quarto em que eu escrevia os meus desabafos ao som de Djavan, Madonna, Bon Jovi, Caetano, Gil e Elis Regina.

Colocar o som altíssimo só para ensurdecer e me ejetar daquelas dores.

E de quando eles diziam que eu não podia ir junto porque não cabia no carro.

Que bom que no mundo tem o mundo para a gente poder olhar outros olhares.

Esta história é, sim, a respeito de talentos e habilidades.

E tudo o que vocês estão lendo aqui é só um canapé de entrada.

Onze

A queda do rei do império imperial

A grana acabou, os empregados também, as festas se foram, a casa lotada com um bar cheio de bebidas caras se esvaziou, o duplex na praia sumiu.

O trabalho não frutificava mais dinheiro e caixas lotados.

O nome estava sujo na praça, meu camarada.

Tempos difíceis e de novas invenções.

Abriram um comércio e lá fui eu trabalhar para ajudar a família que pouco trabalhava.

Larguei faculdade, não recebia salário, instaurando, assim, um novo método de prisão.

Foi aberta uma empresa em meu nome com o dizer de que aquele era o meu futuro.

E não é que eles tinham razão? No futuro, durante dez anos, paguei as taxas e os impostos atrasados.

A grande verdade é que os nomes já estavam bloqueados na praça, então foi se usando os nomes dos filhos disponíveis.

A essa altura, meus caros, nem uma cartomante poderia prever o meu futuro, que dirá um CNPJ.

LOUCA, EU?

Tive que largar a faculdade, perdi tudo – a faculdade e qualquer projeto para um futuro – findando, dessa forma, a última esperança. E lá estava eu, em um labirinto escuro em busca de saída. Eu e meu CNPJ.

Acho que não dei conta de dar conta daquilo que ninguém daria conta.

Mas esta, com certeza, não é uma história sobre reis!

Doze

A louca enlouqueceu

Muitas vezes, me definiam assim: exagerada, "mimimizenta", cheia de frescuras, louca, descredibilizando o que eu falava e sentia.

Sábado à tarde, angustiada, engolindo todo o meu "mimimi", recebi a visita de uma amiga. E enquanto ela falava eu não pude conter o tamanho de tudo que dentro estava.

Meu corpo tremia inteiro e eu nem conseguia explicar o meu medo. Era medo do medo, do medo, do medo...

Um pavor interno se instaurava e vazava para o lado de fora, de maneira a causar desespero em quem o via.

Como se a borda do rio se rompesse desenfreadamente em forma de dor e lágrimas.

Agora, sim, o "mimimi" saiu. Acho que o povo de casa tinha razão. Enlouqueci.

Bem-vindos ao meu surto aos 19 anos de idade.

Até que demorou, né?

A grande ironia é que o surto me afundou e me salvou.

E só para dar nome aos surtos, o meu seria uma crise de pânico devastadora.

Mas fez com que o povo lá de casa se sensibilizasse um pouco e me levasse a um tratamento.

Psiquiatra, psicoterapia e uma linda cadelinha.

Dessa vez ficaram com dó mesmo.

Bom, a chance passou e eu a agarrei. Vamos combinar que era a minha vez.

Lá estava a psicanálise e a psicanalista.

Ambas me estendendo a mão. Sou boba de não segurar?

Mas esta não é uma história psicanalítica. Ou é?

Treze

Dona Girassol

Eu fui ao inferno para buscar uma saída, surtei, encontrei a psicanálise e voltei.

Quase um romance.

Eu estava em um poço bem fundo e não sabia que lá havia uma mola, que tinha o nome da minha primeira analista.

Até que enfim uma mulher pôde me ouvir sem tantas loucuras e devaneios, fazendo contornos muito necessários para que eu pudesse minimamente desafogar e existir.

Em um curto espaço de tempo voltei para os estudos, saí do comércio da família, achei um emprego que me pagava dinheiro de verdade. Aquele que vale no mercado, sabe?

Não sem antes causar tremores em casa.

Depois de dois ou três anos de análise, achei até um namorado bacana pra caramba, e nada sacana.

Eu não me lembro ao certo o que disse na primeira sessão, mas me lembro o que disse ao sair da primeira sessão.

"Eu tenho medo de confiar em você, porque se você for ruim, pode foder mais ainda com a minha cabeça."

Ela respondeu apenas que sim, fazendo um gesto com a cabeça.

Achei sincera e confiei.

Pela primeira vez, eu saía do engodo familiar e começava a vislumbrar um mundo.

Começava a ler livros, a pensar e a entender que eu poderia ter uma coisa chamada vida.

Dentro do reinado havia uma peça que estava se deslocando, e isso causava um grande abalo sísmico.

Eles não gostaram dos meus movimentos, da minha melhora, claro.

Estávamos em crise, mas dessa vez eu não me abalei por completo.

Eram brigas intermináveis por coisas absolutamente irrelevantes.

Quebraram a minha cama, me ignoravam, diziam que eu não prestava, não me convidavam para os almoços em família, invadiam o banheiro enquanto eu tomava banho.

Sinceramente, eu compreendo o descontentamento deles. Como assim, Cinderela saiu para o baile e nos deixou?

Eu fui. Eu precisava tentar o início da minha libertação.

Era apenas uma aposta. Mas se desse certo seria divino.

Eu fui sem ideal, sem bolo, sem mãe.

Eu fui comigo mesma, com a ideia e a aposta da psicanalista.

Eu fui por ir.

Eu fui porque não podia ficar mais lá.

O que poderia ser pior?

O que poderia ser melhor?

Eu fui por descobrir que comigo tinha eu mesma.

E se eu não tentasse não haveria mais ninguém que o pudesse fazer.

No total foram treze anos de psicanálise. Toda semana. Batendo cartão. No horário combinado.

Era quase que um compromisso com o divino.

Com a divina psicanalista, dona Girassol, que certa vez, ao ir me ver no teatro, levou de presente um girassol estonteante de lindo.

Eu fui. Vá você também se puder.

Sim, esta é uma história em que ir era a única possibilidade.

PARTE DOIS

O QUE FIZ COM O QUE FIZERAM DE MIM QUANDO 1% É TUDO QUE SE TEM

Quatorze

Fuga desenfreada e romântica

Um primeiro casamento muito bem-sucedido, sim, senhor, com aquele namorado que citei anteriormente. O bacana e nada sacana? Sim, ele mesmo.

Muitos chamaram de fuga. Eu até hoje não enxergo dessa forma.

Éramos jovens e nos apaixonamos.

Ele, uma pessoa muito legal, do bem, com uma família maravilhosa.

Eu encontrei muitos bens ali.

Ele também encontrou em mim.

Ajudamos muito um ao outro, crescemos muito juntos, como pessoas e como profissionais.

Tirando os nossos defeitos e erros, fomos perfeitos um para o outro enquanto éramos um casal.

Foi um grande sucesso e eu só tenho a agradecer todas as nossas aventuras.

Teatro, viagens, amigos, uma relação saudável e um afilhado lindo de viver.

Não consegui levar a Maia (a cadela que ganhei) comigo quando me casei, e se alguém me perguntar qual é o meu maior arrependimento na vida é esse. Não conseguir olhar para trás e levar nada daquele passado comigo. E sem ironias possíveis para este momento, pois dói lembrar. Eu não fui legal.

O casamento acabou porque tinha que acabar. Na hora e no dia que tinha que terminar.

Éramos muito amigos, parceiros, mas ele seguiu e eu também.

Despedimo-nos com dor e gratidão.

Nunca vou me esquecer da carta que recebi no dia em que saí do apartamento dele.

Ainda chamo de carta de amor.

Descobri muitas coisas a meu respeito, pois sempre me surgia a dúvida se eu era uma pessoa legal por ter vivenciado toda uma história de vida abusiva.

Nos quase dez anos de casada acho que construí relações saudáveis. Mesmo com os restos de ontem, as relações se atualizavam de maneira mais interessante.

Do casamento levei a possibilidade de amar e ser amada, o meu cachorro mais do que amado (dessa vez eu não cometeria o mesmo erro), a esperança de saber me virar sozinha em uma nova vida, uma carreira em construção (curso de interpretação) e a volta do cigarro.

"Béééé", toca a sirene. Voltei a fumar. Tão ansiosa que estava, eu mais fumava do que respirava.

O pavor era ficar só. O desejo era ficar só. O desafio, aprender a ficar só e ficar bem com isso.

Mas esta com certeza não é uma história de desistências.

Quinze

Uma profissão e tanto

Sejam todos bem-vindos ao consultório da psicóloga clínica e psicanalista.

E a primeira frase que eu disse, ao me formar, foi:

"Tudo menos criança."

Só para somar mais essa às ironias da minha vida, dessa vez não seria diferente.

Só apareciam crianças, uma atrás da outra, na frente da outra. E então aceitei. Sou boba de não aceitar?

Deve haver um sentido maior, deixei rolar.

Rolou por dez, quinze, vinte anos.

Rolou bem rolado mesmo.

Apaixonei-me por cada uma delas, pela possibilidade de fazer algo efetivo.

Que história maravilhosa! Aqui daria outro livro também. Mas prefiro manter em sigilo todas elas, guardadas dentro de mim e dentro de cada um que viveu ao meu lado essa história de transformação.

Quantas famílias saíram transformadas pela experiência e quanto de mim saiu transformado por elas também.

A ajuda é mútua. Como psicanalista há – e deve haver – neutralidade, todavia, como humana (que aprendi a me ver), não tem como não ser afetada. O ser humano está lá para estar lá. E eu estava de fato.

Ah, Senhor Freud, obrigada pelos amigos, parceiros, pacientes, pela teoria e prática transformadoras.

Respiros de uma vida.

Que loucura pensar que alguém que esteve tão no fundo poderia ajudar outro alguém, ou qualquer outra coisa.

Mas hoje penso que só alguém que esteve tão lá no fundo é que poderia ajudar outro alguém, ou qualquer outra coisa.

E esta é, sim, uma história de sucesso profissional, de psicanálise e muito amor.

Dezesseis

Espelho, espelho meu: socorro

Voltemos aos 32 anos, logo após a minha separação.

Socorro! Meu Deus, socorro! Estava sozinha num apartamento com meu filho cachorro que amava, com muito medo de barata, da vida, do dia, da noite, de tudo. Precisava encarar mais essa.

Precisava conviver comigo, continuar minha psicanálise, continuar meu caminho.

Mais uma aposta, então, se inaugurava.

"Você não vai desistir agora, vai?", dizia eu para mim mesma.

Eu tinha um curso de formação de teatro para terminar, muitos pacientes para atender, tinha que aprender a cozinhar, a trocar torneira (caso precisasse um dia), a chegar em lugares difíceis e a pedir socorro.

Eu precisava aprender a pedir socorro. Acho que ainda estou aprendendo.
Era uma lista interminável de aprendizados...

Ah, mas não estava tão sozinha assim. Nessa época eu já havia voltado a cuidar dela.

Sim, esta é uma história de novos horizontes.

"Novos horizontes", que, por ironia das ironias, era o nome do edifício em que fui morar!

Dezessete

O retorno daqueles que nunca foram

Mamis (mais conhecida como minha mãe) reaparece enquanto estava casada (29 anos). Voltamos a nos falar quando Madame Sarita (mãe do meu pai) faleceu de câncer.

Ela havia se casado novamente com um alcoolista destrutivo.

Entre sumiços e aparições, Mamis voltou pedindo ajuda, dizendo que não tinha onde morar nem o que comer. Pior que era verdade mesmo, pois ao encontrá-la fomos tomar um lanche e esse foi um dos momentos mais tristes. Vê-la com fome real, fome de quem tem fome porque passa fome. Sabe?

"Sim, eu sei bem dessa fome. Senti muitas vezes."

Vou eu achar casa, comida, roupa lavada, passada e engomada para ela.

Passei a ser a filha que cuida de uma mãe, mas que nunca teve mãe.

Dessa vez não consegui dizer não e deixá-la por aí.

Quem sabe não seria esse o momento de algo novo, uma relação legal?

Quem sabe eu não poderia ajudar verdadeiramente?

Ali eu começaria a trajetória de saber quem era minha mãe.

Fui inflexível em relação a alguns pontos e coloquei regras específicas, como:

"Eu cuido de você, mas você terá que se manter na psicoterapia, ir ao psiquiatra e tomar as medicações corretamente. E se caso der vontade de ir embora/fugir etc. não vai, pois vou pegar você pelos cabelos e trazer de volta."

E assim fiz.

Fiz contato com todas as pessoas que lidavam com ela: médicos, assistentes sociais, amigas, o povo da tal comunidade, formando e alimentando uma rede.

Todos sabiam que agora eu assumiria, e o piloto aqui não sumiu não.

Descobri o nome que justificaria tudo isso: segundo o diagnóstico da psicanalista dela estávamos de frente para um quadro de psicose.

Eu só queria uma mãe e tive que encarar esses nomes todos.

Eu já entendia essas nomenclaturas, mas conviver com elas era outra história.

E acho que esses nomes todos dariam mesmo outro livro. Quem sabe...

A psicose de Mamis, mesmo com medicação e direcionamento, era algo como um quebra-cabeças faltando peças, sendo que o quebra-cabeças aqui é a metáfora da realidade.

Você vê a imagem, mas não toda. Fica tudo fragmentado com pedaços, um distante do outro.

Entende-se um pedaço do que está proposto ali, mas muito pouco se consegue visualizar dos contextos.

Mamis era isso o tempo todo, flutuava sobre os dados da realidade.

Vendia os objetos da casa, mentia, não entendia as conversas com os vizinhos, voltava das sessões de psicanálise dizendo que a profissional não a queria mais.

Eu passava metade do tempo de meu dia ajustando o não ajustável. E a outra metade também.

Tentei dar funções para ajudar na organização interna. As ideias funcionavam durante algum tempo, depois tudo saía voando com ela na garupa.

Mais um talento adquirido e lavrado em cartório. Dessa vez levei para minha profissão.

Se ela tentou fugir?

Sim.

Se tentou brigar comigo e me transformar em um monstro?

Sim, inúmeras vezes.

Se eu resisti a tudo isso?

Sim. Acho eu.

Mamãe virara minha filha

Mães de amigas viravam minhas mães.

Cachorro virando filho.

Namorados não virando.

Alguma coisa está fora da ordem...

Ilusões, desilusões ou resoluções?

Uai, mas esta história é, sim, sobre desordem.

Dezoito

Madame Sarita

Uma mulher formidável, cheia de fortunas e defeitos e absolutamente amada por mim.

Que pessoa difícil, brava e instável. Tinha o melhor dos abraços e me amava com um amor de quem ama de verdade.

Amor de verdade? Que é isso, afinal?

Resolvi amá-la de verdade também e de alguma forma transpus as barreiras de suas caras feias e descontentamentos.

Ficávamos muito juntas e eu a fazia rir todas as vezes que contava para ela do quanto era mal-humorada.

Ela me contava histórias de sua vinda para o Brasil e foi a maior inspiração para o meu ser "virar atriz" por conta do seu exagero exagerado e toda a alegria do seu existir.

O seu exagero exagerado falava de suas dores e lutas. Eu a admiro por isso.

O meu primeiro personagem era ela com outro nome.

Eu a vivi dentro de mim no palco, antes mesmo de me formar atriz.

E assim como nos filmes em que a protagonista em seu último suspiro faz seu último pedido, aqui não poderia ser diferente.

Nossa protagonista Madame Sarita e toda sua intensidade, em seu leito de morte tenta me passar o bastão.

Não pude realizar o pedido que me fez antes de morrer:

"Mantenha a família unida", disse ela

Não deu, não pude fazê-lo. Tive que me salvar primeiro.
Mas que ironia...

Esta é uma história absolutamente irônica e de amor.

Dezenove

Quem cuida de quem?

Novo apartamento, novos rumos e novos horizontes. Tive um momento de resgate interessante com a "mãe que virou filha".

Convivíamos mais, ela me ajudou a cuidar do meu cão filho quando eu trabalhava além do horário ou quando eu queria sair.

Alguns domingos me passou receitas, me ensinando a cozinhar.

Essa proximidade pode mostrar que nunca foi pessoal. Tudo que ela não me deu foi porque não teve.

Matemática básica, sabe? E eu fazendo as contas todas erradas.

A minha criança passou anos questionando se não foi suficiente para ser amada ou se a culpa foi do bolo, aquele que comi rápido demais.

Talvez a sua criança ainda questione isso. E provavelmente você também não teve, porque quem era para cuidar de você não sabia cuidar nem de si mesmo.

Esse cuidador aí que tanto precisamos um dia não sabia quase nada de si. Cresceu e colocou roupas de adulto, mas internamente há uma criança imperando.

Nós não tivemos espaço para sermos cuidados como crianças porque não havia adultos ali. Simples e complicado assim.

Aqui talvez tenha uma resposta importante para o que tanto questiona, daquilo que não veio e que talvez nunca venha, mas que você, com você, por você, poderá construir em seu caminho com suas novas escolhas. Isso, sim, é viável.

A maioria das vezes em que ela tentava me ajudar era mais trabalhoso. De alguma forma ela sempre se desorganizava mentalmente.

Certa vez, ao tentar me ajudar, por ver que eu ainda estava confusa com a separação e a vida, ela propôs me levar até o líder religioso da comunidade generosa da infância. E tamanha era minha confusão que topei.

Ela se movimentou fortemente para isso. Falou com ele, organizou data, horário, ficou realmente feliz com a minha ida.

Ela desejava mesmo me ajudar.

E isso é muito interessante na medida em que mesmo que ela tentasse e desejasse e fizesse com todas as boas intenções, não havia efetivamente uma estrutura.

As situações caem no nosso colo para que tenhamos a oportunidade de olhar novamente para o mesmo ponto e ressignificar para, então, sair daquele lugar da carência e voar para longe.

Fui até o líder dos líderes, em uma casa linda de um bairro lindo, e lá estava ele todo amoroso e com voz doce.

Nos primeiros instantes alguém inquestionável, do bem e coerente.

Olha aí o generoso custando caro de novo, menina.

"Aqui você volta para casa de onde nunca deveria ter saído.

Temos tudo para você.

Seja bem-vinda à comunidade que sempre vai acolhê-la.

Nós adoramos sua mãe e temos aqui muitas frentes em que você pode atuar e muitas pessoas que você pode ajudar.

Aqui você pode trabalhar e prosperar.

Seu casamento não deu certo porque você se casou com uma pessoa que não faz parte da sua comunidade. Nunca daria certo.

Que bom que terminou, que você voltou para cá, para sua casa.

Você seria muito mais infeliz e é por isso que está assim, tão triste. Porque é pecado se casar com alguém que está fora do nosso grupo.

Mas aqui temos as soluções para você.

Você vem sempre, trabalha conosco e vou apresentando pessoas.

Você se casa de novo.

Assim, resolvemos a sua felicidade e a sua vida."

Favor ler novamente esse trecho e imaginar a trilha sonora ao fundo, composta por Bernard Herrmann, para o filme *Psicose*, de Alfred Hitchcock.

O líder dos líderes e sua fala icônica trazendo a solução para o meu mundo sem ao menos perguntar o que eu queria!

O líder que me fez chorar todo o tempo e mais uma semana.

O líder destruidor de subjetividades.

Palmas! Esse merece.

Socorro! Saia você correndo também.

Um líder não pode massacrar o seu eu e depois dizer que isso é ajuda.

Fui, chorei, me recuperei e nunca mais voltei.

Mas esta é uma história de líderes? Ou uma história da falta de líderes?

Vinte

"Ô abre alas que eu quero (e posso) passar"

Com todos os pesos da vida e todas as confusões e inseguranças, eu me encontrei morando sozinha, depois de um tempo, é claro.

Minha casa estava aberta para amigos e familiares. Lá todos podiam comer e dormir. Lá não havia chave pendurada no pescoço.

Trabalho, diversão e estabilidade financeira. Uma adolescência vivida na vida adulta com mais responsabilidade. Achei bem interessante.

Aproveitei a força e a energia que me sustentavam e fui. Com medo de baratas, mas fui.

Além de todos os meus defeitos, eu escondia também uma tristeza que não desapareceu com a primeira análise.

Tempo vai, tempo vem.

Sucedeu que aconteceu um sucesso aí...

Eu larguei a arte e outros sonhos para focar em ter estabilidade e uma mãe bem-cuidada.

Eram dois apartamentos, um consultório, uma mãe e um peludo bem-escovado.

E mais a vantagem de não precisar pedir nada para ninguém.

Autonomia. Isso era o auge dos sonhos realizados.

Eu, no meu espaço, sem morar aqui e ali, com esse ou aquele.

Amigos que podiam ser uma família e, ironicamente, os irmãos, filhos da Namo Linda, eram o pedaço da minha família que se consolidou como família que vale a pena.

O irmão que jogava futebol na quadra do internato em algum momento frequentou minha casa, com sua família e filhos lindos. Durou pouco, acho que por conta daquela característica que citei: "Sem demonstrar qualquer nota de sentimento".

Mas...

Todos em casa, todos convivendo?

Tempos de paz?

Teríamos nós virado uma família normal?

Uma família estruturada?

Uma família não tóxica?

Uma família saudável?

Teríamos nós virado uma família?

Trata-se, aqui, de uma história de paz e amor?

Vinte e um

Olhos Profundos vem aí, gente!

Favor ouvir internamente o título deste capítulo como se fosse uma introdução carnavalesca. Ele merece.

Solteira, convicta e feliz.

Ah, mas que brega.

Mas é isso mesmo.

Para quem passou parte da vida entendendo que o outro a completaria, sacar que se pode ser só e que isso é liberdade e escolha e não solidão... é indescritível.

Seis anos aprendendo a lidar comigo, com meus erros e com meus "eus", e eternos aprendizados dentro do processo que é a vida e de nossa eterna busca interna.

Parabéns para mim. Deixe-me ser brega.

A virada das viradas mais desafiadoras, que é amar, ser amada e se deixar ser amada. E conviver e trabalhar para construir algo sólido.

De forma bélica, minhas escolhas sempre deixavam o amor escapar como tática incrível para o não sofrimento.

Genial, mas óbvio que não deu certo.

Ele chegava com seu olho de boa gente, olho de quem olha, olho de quem vê. Olhos Profundos, sabe?

Chegou com sua simplicidade coerente, com seu violão, piano, trompete, escaleta, gaita, guitarra, pandeiro e tamborim.

Sem exageros. Uma banda completa em um homem só.

Pura arte em sua essência, sem disfarces.

Por cada poro saía um som diferente. E que bom!

Que bom que eram sons e não ruídos.

Passou no teste mais complicado, de ser adorado também pelo cão filho, que odiou todos os anteriores, fazendo questão de mijar em seus tênis. Dessa vez ele só se sentou no colo e relaxou, com aquele respiro profundo que só os deuses cães sabem dar.

E de maneira completamente trágica, depois de quinze exatos dias, meu lindo filho faleceu do nada. Médicos veterinários correndo aqui e ali. Nem diagnóstico conseguimos formular antes que ele se fosse.

Era como se tivesse entendido que então poderia relaxar, pois eu ficaria bem.

Alguma loucura dessas me passou pela cabeça sim, e tantas outras também.

Louca, eu?

"Deixe-me sofrer. Eu tenho esse direito."

Foram momentos muito tristes e estarrecedores, até pela pressa com que tive que me despedir.

Olhos Profundos lá estava. Firme e forte me ajudou a cuidar, a abraçar e a enterrar o meu peludo temperamental favorito.

Fizemos um ritual lindo na praia com as cinzas. Um pouco desastroso, já que o vento bateu e parte das cinzas eu provavelmente engoli.

Morando absolutamente sozinha por oito meses, sem meu filho, até que me saí bem. Como uma prova que me fiz de não juntar trapos rapidamente e viver meu luto de modo adequado, para, então, decidir com calma qual seria o próximo passo, depois de não fugir de situações que eu deveria me impor a sentir em estado de solidão.

Enquanto ele tocava seu violão, eu tentava algumas cantorias envergonhadas e engasgadas de tanta emoção guardada.

Enfiei a arte em algum buraco dentro de mim e fui.

A arte estava sufocada, trazendo mais prejuízos do que eu poderia imaginar.

Não se larga algo que é a sua essência achando que sairá ileso.

Ele insistia na cantoria, elencando pontos positivos. Eu cantando estranho e um pouco mal, acreditava e tentava de novo, e de novo, e...

Ele acreditava.

Ele acreditava?

Ele ainda acredita.

Nove meses depois nasceu nossa bebê "cã" e o nosso "juntar os trapos".

Eu quis comprar um pet, ele quis adotar. E transformou a minha visão em relação a esse comércio abusivo de venda e reprodução de cães e novas raças.

Meu Deus! Quase uma criminosa participando de tudo isso. Ainda bem que a gente evolui.

Graças ao Olhos Profundos, a minha mente voou para longe e viramos pessoas que olham para os cães que necessitam e precisam de tudo e de todos.

Hoje sou madrinha de cães, auxílio e colaboro com alguns que adotei no meu coração, e esse movimento mais me preenche de alegria do que qualquer outra coisa.

Nossa Elis nos acompanha em todas essas missões. Por ironia do destino – ou não –, é igual à cachorrinha que deixei quando me casei (lá, aos 20 e poucos anos) e que até hoje é o meu maior arrependimento na vida.

Por vezes penso: será que Elis é a Maia?

Algumas dessas loucuras passam pela cabeça, e tantas outras também.

"Deixe-me pensar. Eu tenho esse direito."

Afinal, sou louca, né?

Mas esta não é uma história sobre cães abandonados. Será?

Vinte e dois

Entre cantorias e semitons

Entre cantorias e outras delícias que é viver, considero nosso casório no dia em que decidimos comprar um apartamento para chamar de nosso, e junto com ele veio Elis.

Na rua de cima, lá estava nossa nova morada.

Entramos com nada mais de dinheiro, nem mesmo para pintar as paredes.

Mas isso era absolutamente irrelevante, pois entramos com a nossa imensa alegria, nosso amor e nossa filha. Que parede que nada!

Para você, que até aqui chegou: será que consegue responder o que ter uma morada significa para mim?

Ali estava meu lar. Meu espaço para aquietar todos os barulhos internos de anos.

A impressão é que pela primeira vez fechei os olhos e dormi profundamente.

Tudo o que eu disser aqui será pouco e insuficiente para traduzir a grandeza do que construímos, mesmo com todas as diferenças e problemas que temos.

Todos têm, tá bom? Nós somos humanos e temos também. Não há relação sem trabalho intenso de construção diária, dores e diferenças.

A vida não é como um lego, em que as peças se encaixam perfeitamente.

Desagradamos um ao outro, mas também continuamos tentando o tentar.

Eu melhoro meu jeito intempestivo, ele melhora sua dificuldade de se comunicar.

Melhoramos juntos quando deixamos o outro saber de nossas vulnerabilidades. Então não disfarço mais nem ele.

Não cutucamos mais o gatilho do outro e tantos outros detalhes infinitos do conviver.

Faz parte das relações saudáveis.

Eu amo a casa, as plantas, a decoração, os cachorros, fazer a minha comida como um ritual diário, cantar, interpretar, gravar meus vídeos, estudar música, meus amigos e minha família.

Vergonha zero de ser o que sou.

A gente cuida um do outro.

A gente cuida até das árvores.

Uau! Esta, sim, é uma grande história!

Vinte e três

As árvores somos nozes

Olhos Profundos inovou. Nunca vi até aqui, desconheço casos anteriores de tamanha criatividade.

O primeiro presente que ganhei foi um bonsai.

Eu não sabia o que fazer: como segurar? Como cuidar?

Mas amei, achei lindo, inovador. E cuidei com amor.

Nossa miniárvore existe até hoje e se multiplicou.

Com o passar do tempo entendi a beleza de cuidar de "alguém" que a cada estação está diferente. De ter que esperar tal época para as flores ou frutos nascerem.

Surpreendente acompanhar o crescimento no tempo em que ele se dá, não é?

Virou costume e virou nosso jardim.

Plantamos, colhemos, tomamos nosso tempo ali conversando, adubando e limpando.

E caso consiga, escute isso como uma metáfora.

Ah, mas espera. Você aí falando de árvore, miniárvores e blá-blá-blá...

Onde está a tal *family* bacana sacana?

A família se curou? Está tudo resolvido?

Calma, calma, calma. A família estava igual.

Eu que me modifiquei.

A vida começou a se abrir aos poucos. Convites e oportunidades deliciosas surgiam.

Voltei para o teatro e após alguns ensaios fui chamada para trabalhar, adaptando textos e codirigindo peças, e também como atriz.

Dei palestras em boas escolas, reuniões com equipes que tinham contato direto com pacientes, uma espécie de consultoria.

Nossas cantorias viraram ensaios, que viraram shows, que viraram... cinema!

Teve um dia muito especial que, de tanto ele insistir, eu tentei gravar um teste para um trabalho muito importante de um filme muito importante.

Eu já estava há três anos tentando e não conseguia passar em teste algum.

De fato, indiquei outras cantoras, muito melhores do que eu de verdade.

Mas acho que ganhei o jogo quando ele, como diretor musical, disse: "Sabe aquele grito que você nunca deu? Você poderia dar agora, por favor?".

Passei no teste com louvor e estrelinhas. Lá estava minha voz no cinema.

Tempos depois, lá estava minha imagem no cinema.

E, assim, vamos caminhando.

Acho que um olhar de quem olha e vê pode ser transformador quando o outro está aberto e topa a mudança.

Esta é a história da menina borboleta que se deixou transformar mesmo enfrentando a dor.

Vinte e quatro

Mamis *forever*

Mamãe continuava me consumindo, aparecendo inesperadamente com suspiros e sustos.

Já se passavam muitos anos d'eu sendo mãe de minha mãe.

Eu lhe dava muitos dengos como cuidadora e em dias que eu me dedicava a ela, levando-a aqui e ali.

Assim como muitas vezes não me ligou no meu aniversário, algumas vezes não compareceu no seu próprio aniversário, em festinhas que eu dava, achando que seria superbacana. Quanta arrogância, querida.

Cada um é o que pode ser e eu, na minha soberba, tentei algo a mais, que não cabia para ela.

Em minha soberba, também carreguei demais e além do que eu poderia. Quando decidi não pedir nada para ninguém levei ao pé da letra, sabe? Fui dura comigo.

Foi um pedido só que fiz aos meus irmãos (os outros dois filhos dela), e ao notar o "não" da parte deles, não insisti e levei esse projeto como meu.

Mas quais os prejuízos de se ter uma pessoa precisando de tantos cuidados, carente de vários tipos de formação? Quais prejuízos internos e em nome de que eu faria tudo isso?

Esta é uma história de exaustão.

Vinte e cinco

Fui

Eu fui tentando vários formatos para lidar com eles: Papis, Mamis, Namo Linda, Irmão (que nada sentia) e Irmã (tristonha e desajeitada).

Comecei com 100% e ao longo da vida fui diminuindo a suposta porcentagem para entender quanto eu suportaria, quanto não me faria mal, quanto não me traria dores e confusões. Quando é que daria pé?

Vamos combinar, pé nunca deu.

Eu que me dei para ver se daria pé.

Em nome da tentativa de ter uma família? De amá-los? De ser amada? De odiá-los?

O contexto é complexo para uma resposta curta.

Tentarei essa resposta em outro livro, quem sabe.

Muitos ainda me julgam, tudo bem. Sempre terá alguém que vai te julgar, isso é esperado.

O julgamento do outro diz mais sobre ele do que sobre você. Então não se preocupe tanto. Só siga.

Como se me posicionar frente a uma situação dessas, depois de 39 anos, fosse fácil, rápido, indolor, e... eu corri o mundo de possibilidades internas para tentar ficar um tanto mais.

Alguém já encontrou esse momento dentro de si? De se autorizar a sair do movimento comum e encontrar o próprio movimento?

Mesmo que esse movimento saia do ritmo de todos e encontre sentido onde "nada faz sentido"?

Quando a gente se inaugura nesse lugar do ser e do saber-se, muitos estranham e vão embora.

Quebramos alguns contratos não ditos com os outros.

Ficamos órfãos.

Ela não é tão boazinha mais.

Nossa, como ela é dura!

Isso não se faz. É pai e mãe.

Entendo que fica mais difícil conviver com quem encara as situações e se posiciona depois de se trabalhar toda uma vida.

Porque tudo isso pode denunciar no outro que ele nada fez e está deixando passar aspectos importantes da própria vida...

Mas, para mim, isso também é ok. E tem que ser!

Cada um faz o que pode, quando pode.

Eu pude aos 39 anos de idade.

Esta é uma história de autorrespeito.

Vinte e seis

Formulações internas e conselhos desnecessários. Use se quiser

Como compreender uma história em um livro que conta com a maior intensidade apenas 1% de uma vida?

Como compreender uma vida com 1% de chance de dar certo?

Sei que aguardavam por essas respostas, mas eu, sinceramente, ainda não as tenho.

Eu desisti muitas vezes, só que dias depois eu desistia de desistir e tentava de novo.

Também não tenho essas respostas porque desconheço o que não me deixava apenas morrer.

Talvez eu tenha uma força interna que desconheço.

Talvez eu não desejasse morrer mesmo querendo muito.

Eu tentava qualquer coisa, e mesmo me sentindo deslocada por saber que aqueles lugares não eram meus, sabia também, de alguma forma, que aqueles eram lugares de passagem. Então não me caber fazia parte do processo, fazia parte do longo e solitário processo.

Longo e solitário processo que é a vida de cada pessoa que busca em si algo maior, que busca o sentido, a verdade interna. Os limites e valores para se relacionar de forma saudável e mais interessante consigo e com o outro.

Porque só na caminhada é que vamos reconhecendo se aquilo se conecta ou não com nosso íntimo.

Na teoria, só tem a experiência quem a escreveu.

A prática é construída pela vivência, que dará um sentido maior de dentro para fora.

No meu exemplo, que só serve para mim, desisti de coisas tão fundamentais quanto as outras em que insisti.

Dessas que insisti, entendi que só de estar em contato já era lucro.

Coisas que mantêm a minha alma viva. Dessas não saio. Não posso, fico doente.

Ou seja, a medida que só você pode encontrar, entre desistir e insistir, é o que lhe trará o sucesso e a satisfação em sua vida.

Do que é preciso que você desista para conquistar aquilo que insiste em viver dentro de você?

É preciso também descobrir do que você é feito. Quem é você por dentro?

Ter consciência mínima de si ajuda a soltar aquilo que precisa desistir sem tanta culpa.

Ajuda a não olhar tanto para trás.

Olhar a gente até olha, mas não fica mais lá.

Mas esta história vai muito além...

Vinte e sete

Ai, como ela é poética, ela

A poesia disso tudo é dizer o quanto reconheço que só sou o que sou por tudo que passei.

Como se, de alguma forma, eu dissesse que hoje está tudo bem, que compreendo o passado e que poder contar e entregar aqui a história para o mundo, retirando-a de dentro do buraco escuro e fundo, é libertação e cura.

Só posso contar, escrever e tocar nisso porque já as tenho como dadas.

Essa verdade, aqui escrita, é a minha verdade, a minha versão.

Como eu senti e como a partir dela fui tentando construir o meu eu.

Vinte e oito

Frases que ouvi

Além de toda a análise que fiz durante dezessete anos, aproximei-me também da espiritualidade. E o encaixe fez muito sentido para mim.

Frase que repetidas vezes ouvi de minha primeira psicanalista, dona Girassol:

"Cada um sabe a dor e a delícia de ser o que é".[1] Quem dera fosse minha ou dela.

Ainda é causa e efeito de resoluções e parte da minha caminhada, que se abre para grandes reflexões a cada nova situação que a vida traz.

Da minha dor sei apenas eu, e toda vez que tento explicar fico exausta porque não há meios de viabilizar compreensões exatas.

Já entendi que não vão me entender. Que eu entender já se faz suficiente.

As delícias são os restos que trago como sintomas. Toda vez que fico parecida com algo de Papis ou de Mamis atualizo algum sintoma da família, talvez para não me sentir tão órfã.

Um lado infantil e narcísico que tenho que abandonar por completo.

Puro ego.

Vou completando o caminho ao caminhar com leveza e sem me cobrar tanto pela perfeição de saber tudo no já.

História esta de paciência e paciência e...

---

[1] Citação direta da música *Dom de iludir*, de Caetano Veloso, 1976.

Vinte e nove

"Mamãe, eu quero mamar"[2]

Decidimos não ter filhos biológicos. Tive que pensar um pouco. Um pouco para me autorizar a seguir meu próprio fluxo. Outro pouco para saber se eu não queria mesmo, e outro tanto para saber se eu daria conta dos olhares de estranhamento.

Para tudo isso, tanto faz, desde a decisão tomada. Em nenhum dia sequer voltei e pensei que seria bom se... Isso não faz parte de mim, me sinto resolvida e livre por não seguir a boiada social de fazer algo só porque seria o próximo passo a se tomar.

Livramo-nos os dois de algo que não desejávamos e isso foi libertador.

Tente isso, se puder, se quiser, e confira os resultados.

Ainda encontro muitos questionamentos alheios quase sempre que falamos sobre isso.

"Ah, mas por que vocês não terão filhos?"

"O que aconteceu?"

"Quem vai cuidar de vocês quando forem mais velhos?"

"Só com filho entendemos o verdadeiro e mais profundo amor!"

"Ah, mas já vão embora? Por que estão tão cansados?"

"Vocês não sabem o que é cansaço. Vocês não têm filhos!"

---

[2] Citação direta da música *Mamãe eu quero*, de José Luís Rodrigues (Jararaca), 1937.

"Vocês não têm ideia do que é isso ou aquilo…"

Conversas infinitas e eternas que se atualizam a cada encontro em que o assunto é filho/filha/filho/filha… Só se fala sobre isso!

Nada mais se pergunta de algo ou alguém. Nem eu consigo perguntar, nem me perguntam.

Ficamos cegos diante de nós mesmos. Que pena!

"Olá, pessoal! Está tudo bem, eu apenas decidi não ter filhos. Não quero ter, mesmo que isso pareça assustador para vocês. Não sinto desejo de cuidar por tanto tempo integralmente de alguém, dessa forma tão intensa. Até mesmo porque cuido de Mamis até hoje. Eu me autorizo a não disponibilizar a minha vida para isso, dessa forma. Continuo amando vocês, mas não precisamos ser iguais! Obrigada, sem mais."

Eu exerci a maternidade fazendo "maternagem" em muitas situações profissionais e pessoais.

Eu exerci a "maternagem" desde sempre com a minha mãe quando organizei toda uma vida para que ela tivesse dignidade e amor.

Eu exerço o "ser mãe" quando cuido ou salvo meus pets amados. E em muitos casos no consultório.

Para mim isso está de bom tamanho e não preciso mais convencê-los.

Ache você também algo que você precisa fazer ou não fazer, que você não precisa mais convencer alguém para se sentir aceito ou amado.

Que bom que esta não é uma história a respeito de filhos…

Trinta

0%

Como e quando romper? Qual a hora ideal? Exata? Correta? Adequada? Em qual momento você aproveita para romper e dali não existirão dúvidas nem questionamentos?

Em qual momento você rompe sem que haja críticas e caretas feias?

Quando fica inviável apenas dar e dar e dar?

Não há, não haverá, não houve.

Eu rompi quando me vi quase aos 40 anos de idade tentando escapar dos tiros que saíam todas as vezes que nos víamos, falávamos ou convivíamos de alguma forma.

Vou agrupá-los em um só lugar para fazer o laço final.

Histórias como ter o meu prédio invadido, tentativa de sujar meu nome, ligações da comunidade generosa perguntando se eu estava roubando minha mãe, vezes em que eu era ignorada por alguma razão e no dia seguinte tratada como se nada tivesse acontecido, recados agressivos e ameaçadores, ciúmes de que eu pudesse roubar marido de outrem... E nada menos do que a descoberta de ter uma irmã com o mesmo nome e com a mesma idade que eu – mas que hoje é um presente em nossas vidas.

Acho que é o bastante esse 1% aqui!

Basta.

Esse foi o meu "basta final".

Afinal, basta de tudo isso. Basta de dividir energia e desfocar pela enésima vez dos meus propósitos.

Já foi suficiente o tanto que tentei.

Eu estava satisfeita comigo de verdade e sem dúvida alguma saí decidida e feliz por ter insistido, e também por ter desistido.

"Entenderam que cada um tem sua medida? Faça um favor a si mesmo: encontre a sua."

Para muitos, posso ter demorado; para outros, eu não deveria ter feito assim ou nunca, jamais, ter me afastado. Para mim, foi nessa hora, nesse exato instante, que consegui e fim.

Não deixei qualquer suposta rusga de que isso ou aquilo teria dado certo.

Eu tentei e "re-tentei" e "re-e-e-tentei".

Estou mais do que feliz e convencida de que essa parte do processo foi cumprida com sucesso.

E esta história é, sim, de quando eu aprendi a dizer: NÃO.

Trinta e um

"Pra que tudo isso?!"[3]

Todo mundo tem uma história e toda história é digna de ser contada. Todas as histórias de todas as pessoas de todos os lugares têm momentos difíceis e doloridos.

Sei que a minha tem peculiaridades, mas a sua pode ter também.

Compartilhar tudo isso tem a função de ir além de uma simples denúncia. Até mesmo porque aqui conto o que entendi, vivi e senti. Não busco a verdade absoluta dos fatos. Essa verdade não me importa mais.

Ao contar, digo para todos vocês que somos iguais.

Que nossos momentos doloridos dentro do poço nos trouxeram, sim, uma solidão enorme e difícil de ser compartilhada. Mas junto com tudo isso veio a luz.

Você também achou que não chegaria ao próximo instante?

Eu conto tudo isso para dizer que ultrapassado o próximo instante viraremos sábios. Portanto tudo vira aprendizado para algo maior.

Mesmo que doa insuportavelmente – e muitas vezes é isso que acontece.

Dor é dor, e dói.

---

[3] *Pra que tudo isso!*, álbum lançado por Flávio Iannuzzi, em 2018.

A dor a gente vive, entende, sente, trabalha, mesmo que toda uma vida, e vai saindo aos poucos.

A dor trabalhada se transforma em força, em estrutura, em raiz forte. A dor pode te levar a lugares profundos, pode te deixar mais sensível para perceber coisas específicas.

Pode até te ajudar a ajudar outras pessoas...

Deixa você com um olho de quem olha e vê. Igual aos Olhos Profundos!

Contar uma história de vida é abrir o peito e entregar para o mundo tudo que guardei e que não me serviu de nada.

É compartilhar com todos, dizendo:

Estou aqui e sou igual a todos vocês. Nós podemos falar e isso não nos matará. Isso nos levará a um espaço comum de amor. Não fomos feitos para nos separar, mesmo que tenham nos dito isso. Fomos feitos para pensarmos juntos. E nosso poder está aí. Temos dores em comum e quanto mais nos fecharmos mais distantes ficamos de nós mesmos.

Fica o convite. Aceita quem quiser. Aceita quem puder.

Particularmente, eu agradeço a tudo que não tive, pois foi o que me fez ir além.

Não ter me levou a buscar. Não ter me gerou uma falta, e esta falta me gerou muita fartura.

Não ter me fez ter que fazer sozinha e aprender o caminho.

Tudo que não tive, todas as pessoas que não olharam, que não foram legais, que foram exemplos a não serem seguidos, que riram e desdenharam.

Todas essas pessoas têm o meu apreço no sentido de que foram essas dificuldades labirínticas que me trouxeram até aqui.

Assim conquistei cada pedaço de mim.

Então não posso, de forma alguma, ignorar esses fatos e dizer aqui que só agradeço a quem me fez cafuné.

Claro que o cafuné, coisa que vivenciei muito mais tarde, foi delicioso, e no início um pouco assustador.

Assusta-se quem nunca teve e, quando teve, havia outra intenção.

Fica difícil de ler o cafuné.

Haja paciência para compreender os sinais corretamente.

Haja paciência com o nosso processo.

Haja paciência para construir o nosso amor do lado de dentro.

O amor não está na roupa, nas luzes do cabelo, no anel bonito no dedo, na bolsa dependurada com unhas pintadas de vermelho.

O amor é reconhecer-se verdadeiramente com um ser que tem valores validados em si mesmo. Não passa mais pelo outro.

Vou andando.

Tentando.

Também me libertando.

Convidando você.

Errando, tropeçando e acertando.

A mim, não me importam mais os ideais e as perfeições inventados.

Até porque eles não existem.

Agora sim...

Esta é só uma história de vida de alguém que desistiu de desistir e continuou tentando mais um pouco, até transformar em propósito e amor todo o horror vivido.

Esta é uma história em que o humor entra como possibilidade de iluminação, como a melhor das desculpas para falar e ser ouvida.

Esta é uma história em que a verdade absoluta não importa.

Esta é uma história de amor.

Obrigada a todos que chegaram até aqui comigo. Ainda temos muito a percorrer, e vamos...